KB269627

우리 아이 공부짱, 인기짱 되는 방법

웃으면서 배워요 ③

편 가르기는 싫어 & 싸움꾼도 싫어 편

트레버 로메인 지음

이소희(숙명여대 아동복지학과 교수) · 이정화(한국부모코치센터 대표) 옮김

한 언 HANEON.COM

웃으면서 배워요 ③

편 가르기는 싫어 & 싸움꾼도 싫어 편

펴 냄	2005년 8월 25일 1판 1쇄 박음 ǀ 2005년 9월 1일 1판 1쇄 펴냄
지은이	트레버 로메인
옮긴이	이소희 · 이정화
펴낸이	김철종
펴낸곳	(주)한언
	등록번호 제1−128호 / 등록일자 1983. 9. 30
주 소	서울시 마포구 신수동 63−14 구 프라자 6층(우 121−854)
	TEL. 02-701-6616(대) / FAX. 02-701-4449
책임편집	한언 출판기획팀
디자인	백주영 jybaek@haneon.com
홈페이지	www.haneon.com
e-mail	haneon@haneon.com

이 책의 무단전재 및 복제를 금합니다.

잘못 만들어진 책은 구입하신 서점에서 바꾸어 드립니다.

ISBN 89-5596-263-0 03370
      89-5596-264-9 03370 (세트)

웃으면서 배워요 ③

편 가르기는 싫어 & 싸움꾼도 싫어 편

자신감 넘치는 멋진 어린이가 되도록
이 책이 여러분을 도와줄 거예요.

To

From

소중한 아이들의
빛나는 미래를 위하어

무조건 자녀들을 닦달해서 성적만 올린다고 그들이 성공적인 인생을 살 거라고 생각하는 건 큰 오산입니다. 지금 성공의 개념은 급속도로 변하고 있습니다. 좋은 성적이 좋은 대학으로, 좋은 대학이 좋은 회사로 연결되고, 좋은 회사에 입사하는 게 결국 인생에 성공을 가져다준다는 생각은 바뀌어야 합니다. 인생의 목표가 없는 아이들은 좋은 대학에 들어가도 허송세월하기 일쑤며, 사회성이 없거나 스스로 자신의 생활을 관리해본 적 없는 사람들은 무기력한 삶을 살게 마련입니다.

그래서 현재 많은 아동교육자들이 성적이 아닌 사회정서적 능력을 키워주는 교육법에 주목하고 있는 것입니다. 어떤 상황에도 유연하게 대처하고, 사고력과 집중력을 통해 스스로 문제를 해결하는 능력들이 아이의 밝은 미래를 보장해주고, 그것이야말로 21세기 사회가 요구하는 필수적인 능력입니다. 낯선 상황을 두려워하고, 거부하는 아이와 무슨 일에든지 주체적으로 도전하는 아이의 발전가능성은 확실히 다릅니다. 결과에 좌절하기보다는 실패를 분석하고, 외부적인 상황이나 사람을 탓하기에 앞서 자신을 돌아보며 더 효과적인 대안을 내놓을 수 있는 아이가 더 건강하고 행복하게 자란다는 것 역시 두 말할 필요가 없습니다. 그래서 부모님들은 어릴 때부터 아이에게 문제를 스스로 해결하는 힘과 그것을 효과적으로 실행하고 관리하는 능력을 키워줘야 하는 것입니다.

이 책은 바로 그런 취지에서 탄생했습니다. 이 책은 아이들이 실생활에서 겪는 여러 가지 사건과 그것의 해결책을 쉽고, 재미있게 제시하고 있습니다. 첫번째 단계에서는 아이들이 스스로 자신의 상태를 돌아보게 합니다. 자신이나 주위환경, 다른 사람들에 대한 부정적인 생각들, 게으름과 무기력함, 아이 자신도 모르게 하고 있는 잘못된 습관들을 돌아보게 합니다. 두번째 단계에서는 긍정적으로 사고하고 그것을 위해 배워야 할 구체적인 지침들과 명백한 근거들을 알려줍니다. 세번째 단계에서는 스스로를 변화시킬 수 있는 방법을 한 단계, 한 단계 구체적으로 알려줘서 실천할 수 있도록 도와줍니다. 이러한 과정을 통해 아이들은 그저 아는 것에만 그치는 게 아니라 생각을 변화시켜 행동까지도 변화시킬 수 있게 되는 것입니다.

이 책에서 다루고 있는 '시험과 스트레스' '숙제와 분노' '따돌림과 싸움꾼' 등은 아이들이 생활 속에서 매일매일 겪고 있는 문제들일 뿐더러 나아가 사회성, 자존감 등에 영향을 미치는 문제기도 합니다. 이러한 문제들을 어떻게 다루느냐에 따라 앞으로 인생에서 부딪힐 수 있는 문제들에 대한 대처방식이 결정되고, 그것에 따라 아이들은 자기 안에 있는 긍정적인 에너지와 잠재력을 발견하고 자신감을 지니게 되기 때문입니다.

그렇기 때문에 이 책은 자라나는 성장기 아동들의 생활지침서가 될 수 있습니다.

특히, 지금까지 아이들이 직접 읽고 생각하며 그 내용을 부모와 함께 토론할 수 있는 책이 전무후무했기 때문에 더욱 그러합니다. 이 책의 장점을 다섯 가지로 더 세분해서 알아보자면 다음과 같습니다.

첫째, 초중고등학교 학생들이 한번쯤 고민해봤을 문제들에 대한 해결책을 아이들의 눈높이에 맞게 제시합니다.

둘째, 아이들이 직접 읽고 생각하며 문제에 대처할 수 있도록 도와줍니다. 특히 이를 위해 문제나 해결책을 아주 작은 단위로 나눠서 누구나 쉽게 공감하고 실행할 수 있도록 도와줍니다.

셋째, 부모님들도 아이들이 겪는 어려움을 이해할 수 있게 해줍니다. 아이들의 마음과 입장을 충분히 고려하고 보다 구체적이고 세부적으로 아이의 욕구를 이해할 수 있도록 도와줍니다.

넷째, 실질적인 교재로 사용할 수 있습니다. 선생님과 학생들이 각 주제에 대한 토론을 통해 각자의 생각과 느낌을 나누고 실천방안을 모색할 수 있도록 도와줍니다.

다섯째, 아이들의 호기심을 불러일으키고 관심을 지속시킬 수 있도록 아이들의 언어를 사용했고, 재미있는 이미지를 수록했습니다.

아동의 발달과 성장을 고민하며 그들이 스스로 클 수 있는 방법을 모색하는 아동학자의 입장에서 봤을 때, 이 책이야말로 아이들을 위한 '자기계발서'라고 확신합니다. 아이들이 자신의 느낌과 생각들을 다시 한 번 뒤돌아보고 즐거움 속에서 자신을 변화시킬 수 있도록 도와주기 때문입니다.

끝으로 아이들의 발달과 성장에 가장 필요한 학습법과 아이들에게 맞는 방법이 무엇인지 알고 실천하는 한언 출판사 여러분께 격려와 감사의 말씀을 전합니다.

옮긴이 이정화 · 한소희

PART 1
편 가르기는 싫어!

PART 2
싸움꾼도 싫어!

편 가르기는 싫어!

혹시 반 아이들이 여러분을 따돌리고 있나요? 아니면 여러분이 누군가를 따돌리고 있나요? 편을 가르지 않고, 모두 모두 친구가 될 수 있다면 얼마나 좋을까요. 그럼 더 신나고 재미있게 놀 수 있을 텐데요. 여기, 서로에게 정말 좋은 친구가 될 수 있는 방법들이 가득 들어 있습니다. 아마 평소에 여러분들이 꼭 알고 싶어 했던 내용일 거예요.

편 가르기가 왜 나빠?

여러분, 잠깐 내 말을 들어봐요. 혹시 여러분도 '편 가르기'란 말을 알고 있나요? 친한 애들끼리만 놀려고 하고, 다른 애들하고는 절대 같이 놀지 않는 애들을 가리켜 우리는 이렇게 말하곤 하죠. "쟤들은 왜 꼭 편을 가른다니?"

문제는 '편을 가르는 행동'이 누군가의 마음을 아프게 할 수도 있다는 거예요. 자, 다음과 같은 상황을 상상해보세요. 반 친구들이 끼리끼리만 놀고, 누구도 여러분을 모임에 끼워주지 않는다면 어떤 느낌이 들까요? 아마도 이런 기분에 휩싸이게 될 거예요.

- 외로움
- 분노
- 환영받지 못했다는 느낌
- 두려움
- 불행함
- 인기 없는 애라는 느낌

그렇게 되면 더 이상 웃을 수도, 공부에 집중할 수도, 스스로에 대한 자신감을 가질 수도 없게 돼요. 혹시 여러분이 지금 그런 애들에게서 따돌림을 당하고 있다면, 어서 이 책을 보길 바라요. 큰 도움이 될 수 있거든요. 그런 애들과 친해지고 싶은 사람에게도 도움이 될 거예요. 심지어 지금 다른 애를 따돌리고 있다고 해도 틀림없이 이 책에서 배울 게 있을 거예요. 이 책은 다른 애들을 따돌리고 무시하는 애들이 어떤 행동을 하고, 무슨 생각을 하는지, 그리고 그런 애들에게 맞서서 무엇을 할 수 있는지에 대해 알려주는 책이거든요. 또한 진정한 친구를 사귀는 방법도 알려주지요.

진정한 친구는 여러분이 바보 같은 짓을 해도, 말실수를 해도, 어쩌다 큰 잘못을 저질렀어도 그것을 오랫동안 마음에 담아두지 않아요. 자, 이쯤에서 꼭 기억해야 할 게 한 가지 있어요. 진정한 친구를 사귀기 위해서 꼭 모든 사람에게 사랑을 받을 필요는 없다는 거예요. 친구를 사귀기 위해서 누군가를 따돌려야 하는 것도 아니에요. 아마 이 책이 여러분에게 좋은 친구를 사귀는 올바른 방법을 가르쳐줄 거예요.

편 가르기가 뭐지?

편 가르기 : 친한 몇 명의 사람들하고만 어울리는 것

어때요? 위의 설명을 읽어보니 '편 가르기'가 좋은 행동인 것 같나요, 나쁜 행동인 것 같나요? 친한 사람들하고만 노는 게 뭐가 어떠냐고요? 물론 그 행동 자체를 나쁘다고는 할 수 없어요. 하지만 그런 행동 때문에 상처받게 될 친구들이 있다는 게 문제지요. 대체로 편 가르기를 좋아하는 아이들은 다른 친구들을 불편하고, 불쾌하게 만들거든요.

만약 그런 아이들이 여러분을 괴롭힌다면, **자신도 모르게 '편 가르기'에 휩쓸릴 수도 있어요.** 즉 여러분은 괴롭힘을 안 당하기 위해 그 애들과 친해지려 할 테고, 그러기 위해서는 그 애들과 마찬가지로 누군가를 따돌려야 할 거예요. 그러나 일부러 다른 애들을 따돌리고 자신이 제일 잘났다는 듯이 행동하다보면, 분명히 언젠가는 그런 행동을 하는 자신이 싫어지고 말 거예요.

편 가르기란 이런 것

끼리끼리 노는 애들이 항상 다른 애들을 따돌리고 편을 가르는 건 아니에요. 다만 그런 아이들이 많다는 거지요. 그런 아이들은 "저 애를 따돌리자"고 말하면서 스스로에 대한 자부심을 느끼고, 자신들이 남보다 더 강하다고 느끼곤 해요.

편 가르기를 좋아하는 아이들은 그런 행동을 통해서 안정감을 맛보기도 해요. 즉 자신이 친구들 틈에 있다는 사실을 떠올리면서 보호받고 있다고 느끼는 거지요.

들판의 늑대 무리나 거리에 떼로 몰려다니면서 사람들을 위협하는 불량배들을 생각해보세요. 물론 '편 가르는 애들'이 늑대나 불량배들처럼 위험한 것은 아니지만, '쟤를 따돌려야지. 우리끼리만 놀아야 해' 하는 생각은 평소에 불량배들이 하는 생각과 똑같답니다. 그들은 무리에 있을 때만 안정감을 느끼기 때문에 꼭 그렇게 몰려다니는 거라고요.

편 가르기에 대한 고정관념

그런 애들 대부분은 행복하고, 자신감이 넘치고, 인기도 많을 거야.

진실 _ 그런 아이들 중 몇몇은 스스로를 굉장히 자랑스럽게 생각하고 있을지도 몰라요. 하지만 그렇지 않은 아이들도 있다는 걸 기억해요. 무리와 함께 있어도 불안해하는 친구, '왜 꼭 우리끼리만 놀아야 하는 거지?'라고 생각하는 친구가 있을 수 있거든요.

집단에 속한 아이들은 인기도 많을 거라고 생각하나요? 그건 고정관념일 뿐이에요. 항상 같은 애들하고만 노는 애들은 사실 다른 친구 사귀는 걸 어려워하고 있을지도 몰라요.

편 가르기는 정말 바보 같은 짓이야

1. 항상 몰려 다녀요. 그 애들은 어디든 함께 가죠. 마치 소 떼들처럼 말이에요. 왜 그 애들은 "음메~" 하고 우는 동물처럼 행동하는 걸까요?

음메~

2. 그들에게는 그들만의 규칙이 있어요. 그러나 그 규칙들이 항상 옳은 것은 아니에요. 쉽게 규칙을 지킬 수 있는 애가 있는가 하면, 어떻게 해도 규칙을 지킬 수 없는 애가 있으니 공평하지도 않죠. 또한 기꺼이 지키려고 하는 애가 있는가 하면, 속으로는 지키기 싫어하는 애도 있고요. 게다가 몇 가지 규칙들은 정말 바보 같아요. 나는 속눈썹을 몽땅 뽑고 다녔던 어떤 애들을 알고 있어요. 자신들이 같은 편이라는 걸 보여주기 위해 그런 짓을 했다더군요.

하지만 눈앞에 모래폭풍이 다가오고 있다고 상상해보세요. 속눈썹이 없으면 눈에 모래가 들어가서 엄청 아플 거예요. 그리고 생각해보세요. 지금도 학교나 집에서 지켜야 할 규칙들이 엄청 많은데 또 다른 규칙을 만들어서 지킬 필요가 있을까요? 아, 생각만 해도 숨이 막히는 걸요.

3. 모임을 움직이는 우두머리가 있어요. 모임의 '짱'은 다른 아이들에게 그 모임의 규칙을 말해주지요. 그러나 생각해 보세요.

여러분 중에 다른 아이의 말을 들어야 할 만큼 덜 자란 사람
이 있나요?

4. 그들에게는 그들만의 옷 입는 방식이 있어요. 같은 바지를 입고, 같은 티셔츠를 입고, 같은 점퍼를 입고, 같은 모자를 쓰고, 심지어는 신발도 똑같은 걸 신어요.

그러나 3~4명이 똑같은 옷을 입고, '우~' 하니 몰려다닌다
면 정말 우스워 보일 거예요. 개성도 없어 보이고요. 그렇지 않
나요?

따라 해보세요 : '편 가르기' 라는 단어를 10번만 말해보세요. 로봇이 내는 소리처럼 딱딱하고 이상하게 들릴 걸요?

편 가르기
편 가르기
편 가르기
편 가르기
편 가르기
편 가르기

몇몇 아이들은 자신이 **학교의 규칙인 양** 행동하기도 해요. 그 아이들은 아마도 자신들과 비슷한 애들을 골라서 자신들과 똑같이 행동하도록 만들 거예요. 바보 같은 행동들을 하게끔 만들겠지요. 그러니 여러분도 주위를 잘 살펴보세요. 혹시 여러분을 그렇게 만들려고 마음먹은 애가 있을지도 모르거든요.

그런데 그 애들은 왜 그런 행동을 하는 걸까요? 마음이 비뚤어지고 심술로 가득 찼기 때문일까요? 오오, 아니에요. 그건 절대 아니랍니다. 그럼 애들을 괴롭히는 걸 삶의 목적으로 삼고 있기 때문일까요? 물론 그것도 아니랍니다.

그 애들은 왜 꼭 편을 나누려고 할까?

편 가르기 좋아하는 애들을 이해하기 위해서는 먼저 '편 가르기'가 왜 일어나는지에 대해 알아볼 필요가 있어요. 그 이유를 알고 있어야 그런 행동을 하는 아이들의 마음을 더 쉽게 이해할 수 있거든요. 그것은 자동차의 엔진이 어떻게 작동하는지 알기 위해 엔진의 한 부분을 떼어내 분석해보는 것과 같아요.

자, 그럼 이제 사람들이 자꾸 편을 가르고 싶어 하는 이유를 알아볼까요? 이유는 아주 단순해요. 나이와 상관없이 모든 사람들은 친구를 원하고, 소속감을 원하기 때문이지요. 끼리끼리 뭉쳐 있으면 소속감과 친밀감, 안정감을 더 쉽게 느낄 수 있잖아요. 그래서 자꾸만 친한 사람들끼리 뭉쳐 있으려고 하고, 잘 모르는 사람들은 무시해버리는 거라고요.

이상하다고? 그래도 그게 진실인 걸

　사람들은 자신들과 다른 사람을 볼 때 불편함을 느껴요. 특이하다고 생각하면서도 자신들과 비슷하게 변화시키려고 하지요. 나를 예로 들어볼게요. 고등학생이었을 때 나는 담배 피우는 학생들과 친해지고 싶었어요. 그때는 그들이 매우 멋지고 강해 보였거든요. 그래서 나는 그들과 똑같이 보이려고 담배를 피웠어요. 그러나 연기 때문에 거의 토할 뻔했지요. 정말 불쾌했어요. 그때서야 나는 담배를 피우는 게 좋은 친구를 사귀는 방법이 아니란 걸 깨달았지요.

같은 반의 한 아이와 정말 친해지고 싶었던 적도 있었죠. 그래서 그 애의 관심을 끌기 위해 틈만 나면 괴성을 지르면서 복도를 뛰어다녔어요. 그렇게 정신없이 뛰어다니다가 하루는 애들 앞에서 그만 바지가 훌러덩 벗겨져 버렸지요. 그 사건 이후로 나는 깨달았어요. 바보처럼 행동하는 게 결코 멋있는 일이 아님을 말이에요.

어…?
#%@

친구를 사귀기 위해서 거짓말을 한 적도 있어요. 우리 부모님이 어마어마한 부자라고 떠벌리고 다닌 거예요. 올림픽 경기장만한 집에서 살고 있고, 더운 물이 나오는 수영장도 가지고 있다고 자랑했어요. 왜냐하면 그렇게 해서라도 애들의 관심을 끌고 싶었으니까요. 그것은 그때 내게 아주 중요한 문제였거든요. 그러자 애들은 무척 부러워하면서 우리 집을 구경시켜달라고 졸랐어요. 그러나 나는 친구들의 부탁을 들어줄 수가 없었어요. 우리 집은 궁전처럼 크지도 않았고, 수영장도 없었으며, 자랑할 거라고는 뒷마당에 있는 새들의 목욕통이 전부였거든요. 애들은 곧 내가 거짓말 했다는 사실을 알게 됐어요. 물론 난 너무 창피해서 쥐구멍이라도 들어가고 싶은 심정이었지요. 다른 사람들이 원하는 모습대로 스스로를 꾸미긴 했지만 진실은 바꿀 수 없었던 거예요.

허풍쟁이와 거짓말

허풍쟁이는 어떤 사람일까요? 거짓말을 밥 먹듯이 하는 사람이나 자기가 가지고 있는 것을 실제보다 더 부풀려서 말하는 사람이 바로 허풍쟁이죠. 특정한 패거리들을 따라다니면서 그들처럼 말하고, 행동하고, 옷을 입는 사람이라면 허풍쟁이일 가능성이 높아요. 괜히 그 애들과 친한 척하면서 남들보다 더 잘났다고 생각하는 거죠.

예전에 잠시 친하게 지냈던 여자애가 생각나네요. 그 애는 애들에게 자기가 합주부에서 기타를 치고 있다고 말했어요. 사실은 기타에 대해 아무것도 모르면서 말예요. 그 애는 멋있게 보이기 위해 항상 긴 귀걸이를 하고 검은색 옷만 입었어요. 실내에서도 선글라스를 꼈지요. 그런데 어느 날, 한 합주부가 와서 그 애에게 기타를 연주해줄 수 있겠냐고 물었어요. 그러자 그 애는 눈 하나 깜짝하지 않고 거짓말을 늘어놓았어요. 손가락이 다쳐서 기타를 칠 수 없다고 말예요. 3주 동안이나 손가락에 붕대를 감고 다니면서 모두를 속였답니다. 그러나 그 애가 붕대를 풀자마자 또 다시 그 합주부가 찾아와 함께 공연을 하자고 말했어요. 그러자 그 애도 더 이상 거짓말을 할 수 없었어요. 그 애는 크게 당황한 얼굴로 그저 멍청하게 서 있을 뿐이었어요. 그리고 얼마 후 애들 앞에서 자신이 엄청난 허풍쟁이라는 것을 인정해야 했지요.

허풍쟁이는 금방 알아볼 수 있어

허풍쟁이들…

진실한 모습을 숨기고 다른 사람처럼 행동한다.

상상속의 모습을 자신의 실제 모습인 양 행동한다.

다른 사람의 관심을 끄는 것에만 집중한다.

칭찬을 많이 받길 원한다.

재수없다!

어때요, 이제 누가 허풍쟁이인지 쉽게 알아볼 수 있겠지요?

혹시 나도 허풍쟁이?
- 질문을 통해 알아보기

1. 다른 사람들 눈에 멋있게 보이려고 애쓰나요?

예☐   아니오☐

2. 자신의 생각과는 달라도 다른 사람들이 듣고 싶어 하는 말
을 하는 편인가요?　　　　　　　　　　예☐   아니오☐

3. 사람들에게 환영받으려고 애쓰나요?　예☐   아니오☐

4. 다른 사람들의 관심을 끌기 위해 애쓰나요? 예☐   아니오☐

5. 위의 질문들에 모두 정직하게 대답했나요? 예☐   아니오☐

나의 점수는 ?

위 질문들에 "예!"라고 답했나요? 만약 모든 질문에 "예"라고 답했다면 현재 여러분은 자신의 진실한 모습을 감춘 채 행동하고 있는 거예요. 진실한 모습을 보여주는 게 두려울 수도 있겠죠. 하지만 여러분은 결코 혼자가 아니에요. 많은 친구들이 똑같은 문제들로 고민하고 있답니다.

과장되게 행동하거나 거짓말을 자주 하나요? 그러한 행동들이 옳다고 생각하기 때문일 수도 있고, 친구들이 그러한 모습을 받아주고 있기 때문에 계속 그런 행동을 하는 것일 수도 있죠. 그러나 자신의 진정한 모습을 감추고 다른 사람처럼 행동해야 할 특별한 이유라도 있나요? 거짓된 모습으로 살아가는 것은 가면을 쓰고 다니는 거나 같아요. 언제나 불편할 수밖에 없죠.

'진실한 모습'으로 있을래

남들에게 자신의 진실한 모습을 보여주기 위해서는 먼저 자신에 대해 잘 알고 있어야 해요. 자신을 좋아해야 하는 것은 당연하고요.

여러분이 믿는 것은 무엇인가요? 여러분이 좋아하는 건 뭐고, 싫어하는 건 뭔가요? 좋아하는 놀이는 뭐고, 그것을 좋아하는 이유는 뭔가요? 자신 있게 할 수 있는 일이 있나요? 무엇을 하며 놀고, 무엇이 여러분의 마음을 기쁘게 해주나요? 여러분을 행복하게 만드는 건 무엇인가요?

자신을 좋아하면 할수록 자신감은 자꾸만 늘어나요. 넘쳐흐르는 자신감은 눈으로도 볼 수 있지요. 여러분은 사람들의 눈을 바라보면서 대화할 수 있고, 스스로의 마음과도 대화할 수 있어요. 자신이 다른 사람들보다 한 뼘 정도 높은 곳에 있다고 상상해볼 수도 있어요. 여러분은 마음만 먹으면 언제나 행복한 기분을 느낄 수 있답니다. 여러분에게는 충분히 그럴 능력이 있어요. 그리고 항상 즐거워한다면 사람들은 여러분을 더욱 더 좋아하게 될 거예요.

진짜 친구들

친구들과 함께 있으면 그렇지 않을 때보다 스스로에 대해 더 만족하게 되고, 더 행복하다고 느끼게 될 거예요. 왜냐하면 친구들은 여러분을 도와주고 기운을 북돋워주고 좋은 말을 해주기 때문이에요. **함께 있으면 즐겁기도 하고요.**

어제 경기는 정말 멋졌어!
너 정말 빠르더라.
칭찬해줘서 고마워.

누군가가 여러분을 좋아하면 여러분도 곧 그 사람을 좋아하
게 될 거예요. 그렇게 되면 **세상은 좀더 아름답게 보일 거
예요**. 지금 내가 무슨 말을 하는지 잘 모르겠다면, 다시 한 번
천천히 위의 문장을 읽어보세요. 아주 천천히요.

누가 진짜 친구들일까?

진짜 친구들은 여러분의 진실된 모습을 좋아해요. 그렇기 때문에 애써서 친구들을 감동시킬 필요도 없고, 거짓말을 하거나 허풍을 떨 필요도 없죠. 이것은 친구들 사이에서 아주 중요한 문제에요.

진짜 친구들은 여러분을 있는 그대로 받아들여요. 여러분이 화가 났을 때나 문제가 생겨 고민하고 있을 때도 항상 그 자리에 서서 여러분을 격려해주지요. 둘 사이의 비밀은 아무에게도 말하지 않고요. 여러분이 무엇을 좋아하는지, 어떨 때 여러분이 웃음을 터뜨리는지도 잘 알고 있어요. 무엇보다도 중요한 것은 진짜 친구들은 서로를 돌봐준다는 거예요. 여러분이 그들을 돌봐줄 수도 있고, 그들도 여러분을 돌봐줄 수 있지요.

수업 끝나고 모두
우리집에 가자!

진짜 친구들 VS. 편 가르는 애들

진짜 친구들과 그저 편을 가르려고만 하는 애들을 구분할 수 있을까요? 당연히 할 수 있죠. 그러나 밖에서 보면 그 두 집단이 아주 비슷해 보인다는 것도 알아야 해요.

일단 두 집단 모두,

- 집단에 속한 아이들끼리는 친해요.
- 함께 계획을 짜고, 함께 놀아요.
- 서로에 대해 다른 사람들보다 더 많이 알고 있고, 서로에 대한 믿음이 있어요.

Tip 사실 편을 짜는 게 모두 나쁜 것만은 아니에요. 그것 자체만 놓고 보면 좋은 점도 있지요.

그러나…

편 가르기 좋아하는 애들은 함께 노는 아이들을 수시로 분석하고 '이렇게 해라, 저렇게 해라' 명령하기 일쑤죠. 바로 그게 진짜 친구들과 편 가르기 좋아하는 애들의 차이점이에요. 그 애들은 여러분에게 다른 애들처럼 생각하고, 행동하고, 옷 입고, 말하라고 할 거예요. 그리고 그렇게 하다보면 결국 여러분은 자신의 진실한 모습을 잃어버리고 말 거예요. 진실한 모습을 보여주는 대신 다른 사람들이 원하는 대로 행동해야 하니까요.

추신　　몇몇 애들은 다른 애들이 자기편에 들어오는 걸 싫어하기도 해요. 그들은 다른 애들을 따돌리고 자기편에서 빼버리기도 해요.

지금 나쁜 친구들과 함께 있니?

다음 질문들을 스스로에게 물어보세요.

* 친구로 인정받으려면 집단 안의 다른 애들과 똑같이 행동해야 하나요?

* 그 애들하고 있으면 자꾸 허풍을 떨게 되나요?

* 모임의 아이들이 다른 친구 사귀는 걸 방해하나요?

* 무언가를 할 때 항상 모임의 친구들에게 동의를 받아야 하나요?

* 그 친구들과 함께 있는 게 불편한가요?

만약 위 질문들 중 "예!"라는 대답이 한 개라도 나왔다면, 여러분은 지금 함께 있는 친구들을 떠나 더 좋은 친구들을 찾아야 할 필요가 있다는 뜻이에요. 여러분과 더 잘 맞는 새로운 친구를 사귈 필요가 있는 거죠. 여러분에게는 그들이 바로 진짜 친구인 거예요.

우정은 이런 거야

새로운 친구들, 혹은 더 많은 친구들을 원하나요? 학교를 같이 다녀야만 친구가 될 수 있는 건 아니에요. 나이, 성별, 인종이 같아야만 친구가 될 수 있는 것도 아니고요. 이웃 형이나 누나, 오빠, 언니하고도 친구가 될 수 있어요. 공통점이 없어 보이는 사람들에게서도 많은 것을 배울 수 있다는 걸 알아야 해요.

우정은 갑자기 생기는 게 아니에요. 우정을 유지하기 위해서는 노력을 기울여야 해요. 사실, 친구와 잘 지내려면 여러분은 매일매일 조금씩 무언가를 해야 할 거예요.

친구를 사귈 때 해야 할 것, 하지 말아야 할 것

사람들에게 말을 걸어요. 만약 누군가에게 말을 거는 게 부끄럽다면 그냥 친근한 목소리로 이렇게 말하세요. "가방 너무 예쁘다. 새로 샀니?" "오늘 숙제가 뭐였어?" 연습을 해보면, 말하기가 더 쉬워질 거예요.

이런 태도는 안 좋아요. 하루 종일 혼자 텔레비전을 보거나 게임을 하거나 컴퓨터 앞에 앉아 있지 말아요. 그러면 새로운 사람을 만날 수 없어요. 그렇게 혼자서 앉아만 있다면 거미가 여러분 머리 위에 집을 지을지도 몰라요.

다른 사람의 기분을 좋게 만들어줘요. 질문을 해서 상대방에게 관심이 있다는 걸 보여주세요. 이렇게 물어볼 수도 있어요. "너 그림을 잘 그린다며? 내게도 좀 보여줄래?"

이런 태도는 안 좋아요. 그렇다고 이렇게 말해서는 안 돼요. "우리는 이제부터 친구야! 만약 거절한다면 너만 불쌍하게 되는 거지!" 강제로 친구를 사귈 수는 없는 거랍니다.

초대해요. 좋아하는 친구들을 집으로 초대해서 같이 비디오도 보고, 점심도 먹어요. 아니면 모임을 만들어서 다른 친구들을 초대할 수도 있어요. 그렇게 하면 서로를 더 잘 알 수 있을 거예요.

그렇다고 모든 사람을 다 초대할 수는 없지요. 반 아이들 모두를 피자 파티에 초대하고 싶다고 엄마를 조를 수는 없잖아요. 친구를 사귀기 위해서 부모님을 힘들게 할 필요는 없어요.

애기를 잘 들어줘요. 혼자만 말하기를 좋아한다고요? 그럼 당연히 친구들이 지루해했겠네요. 이제 친구들의 말에 귀 기울여 봐요. 다른 사람들의 말을 잘 들어주려고 노력하다보면 어느새 정말로 그들의 말을 듣고 있는 자신을 발견하게 될 거예요. 상대방의 눈을 쳐다보고 가끔 고개도 끄덕거리면서 여러분이 말을 잘 듣고 있으며 잘 이해하고 있다는 것을 보여줘요.

자랑을 늘어놓지 말아요. 겸손하게 행동해요. 사람들이 여러분 얘기를 무시하는 것 같으면 목소리를 조금 높이고 좀더 크게 말하세요. 그것만으로도 충분히 사람들의 관심을 끌 수 있을 거예요.

새로운 친구들에게 말해요. 새로운 곳으로 이사를 간 데 다 전학까지 했다면 여러분은 아마도 외로움, 낯설음, 두려움 등을 느끼게 될 거예요. 일단 새로운 친구를 사귀도록 노력해 봐요. 아마 사람들은 여러분을 금방 좋아하게 될 거예요. 학교 친구들이나 새로운 이웃들에게 인사하고, 같이 점심을 먹고, 자신을 소개해요.

너무 친한 척은 하지 말아요. 처음 본 사람에게 곧장 다가가 "안녕! 나는 너의 진실한 친구야. 왜냐하면 난 여기 새로 왔거든. 그리고 내가 보기에 너는 정말 좋은 사람 같아. 그리고 난 지금 당장 친구가 필요해. 어쩌구 저쩌구 어쩌구 저쩌구…"라고 말을 늘어놓는다면 아마 그 아이는 한 달음에 도망가 버리고 말 거예요.

너무 갑자기, 너무 많이, 너무 빨리 말하지는 마세요. 말이 너무 빨리 나온다면 일단 한 번 깊게 숨을 들이마시고 좀더 천천히 말해보세요.

받아들여요. 편 가르기 좋아하는 아이들은 다른 아이들을
따돌리기도 좋아하죠. 그런 아이들은 보통 주변에 있는 아이들
을 괴롭히거나 뒤에서 욕하거나, 무시하곤 해요. 그러나 그러는
동안에 다른 애들 역시 점점 더 그 애들 곁을 떠나게 될 거예요.
여러분은 주변에 친구들이 많았으면 좋겠나요, 없었으면 좋겠
나요? 만약 다양한 사람들과 친구가 되고 싶다면 잘 모르거나
심지어 자신과 조금 달라 보이는 사람들까지도 받아들일 수 있
어야 해요.

별명으로 부르지 말아요. 아직 친해지지 않았는데 자꾸 별명을 부르면 친구들이 여러분을 피하게 될 거예요. 나쁜 소문이 퍼질 수도 있어요.

친구를 만드는 가장 좋은 방법은 '일단 친근하게 대하는 것'
이에요.

친구들과 사이좋게 지내는 5가지 방법

1. 웃어요! 얼굴을 찡그리는 것보다 훨씬 좋을 거예요.

2. **사람들을 만나면 반갑게 인사해요.** 잘 모르는 사람에게도 말이죠. 그러면 사람들은 처음엔 '너, 나 알아?' 이런 표정으로 여러분을 바라볼 거예요. 그렇지만 곧 여러분이 상냥한 사람이라는 걸 깨닫게 될 거예요.

3\. 적어도 하루에 한 번씩은 누군가를 칭찬해줘요.

"머리 모양이 그게 뭐냐, 한 번 바꿔봐." 이렇게만 말하지 말고, 그 사람의 좋은 점을 찾아서 함께 칭찬해줘요.

4. 경기에서 졌어도 운동 그 자체를 즐길 수는 있어
요. "저렇게 멍청한 애들한테 지다니 믿을 수 없어!"라고 소리
치면서 운동장 밖으로 나가지 말고, 마음을 가라앉히고 좀더
부드러운 태도를 보여줘요.

5. 수업이 시작되기 전이나 혹은 끝난 후에, 또는 버스를 기다리면서 사람들에게 말을 걸어봐요. 그러나 수업중에는 잡담하지 말아요. 선생님이 보고 계세요.

이제 무엇을 더 알아봐야 할까요? 친구들뿐 아니라 다른 모든 사람들과 잘 지내는 법을 알아봐야죠. 다른 사람들과 잘 지내는 사람들은 대체로 친절하고, 활기차고, 재미있고, 열린 마음을 지니고 있어요.

문 잡아줄게.
들어가.

사람들과 잘 지내려면 …

어떻게 해야 사람들과 잘 지낼 수 있는지 아직 잘 모르겠다고요? 그럴 때는 사람자석을 이용해보세요. 사람들을 볼 때마다 환하게 웃고, 자신 있는 태도를 보여주고, 친절하게 대하고, 그들의 말에 귀 기울여보세요. 여러분의 진실한 모습을 드러내는 걸 두려워하지 마세요. 그러면 여러분의 자석이 사람들을 끌어당길 거예요. 이미 그 자석을 사용하고 있을지도 모르는 일이고요.

인기에 대해 말해볼까?

모든 사람들이 인기인이 되고 싶어 하죠. 여러분도 이런 생각을 해본 적이 있을 거예요.

"인기가 많았으면 좋겠어."

"인기가 많으면 더 행복할 텐데."

"인기가 많으면 삶이 더 아름다워질 텐데."

"지금보다 훨씬 더 인기가 많았으면 좋겠어."

인기가 많았으면
좋겠어.

　인기. 인기. 인기. 인기. 이 말을 반복해서 말해보세요. 어쩐지 우습게 들리지 않나요. 편 가르기나 인기나 이상한 단어긴 마찬가지에요.

인기에 관한 진실

인기인이 되는 건 정말 멋진 일이죠. 아마 더 중요한 사람이나 더 나은 사람이 된 듯한 기분이 들 거예요. 인기가 많아지면 소속감도 강해지고, 스스로 할 수 있는 일이 더 많아진 듯해서 기분도 좋아질 거예요.

나는 널 좋아해.

그러나 인기보다 중요한 것들이 있다는 걸 알아야 해요. 여기
인기보다 더 중요한 것들이 나와 있네요.

- 가족
- 숙제
- 취미
- 애완동물
- 목표 혹은 꿈
- 진실된 모습

이제 좀더 중요한 비밀을 알려줄까요?

깜짝 놀랄 만한 사실을요.

인기가 많았으면 하고 바라는 사람들이 진짜로 원하는 건 인기가 아니에요. 바로 스스로에 대한 자부심을 원하는 거죠.

　인기 많은 아이들을 부러워하면서 스스로를 보잘 것 없다고 생각하고 있는 친구도 있을 거예요. 그러나 이런 생각들은 잘못된 거예요. 여러분은 이 세상에서 단 하나뿐인 매우 특별한 사람이에요. 그래서 스스로에게 이렇게 말할 필요가 있어요. "**난 나를 믿어!**"

재미있는 테스트
: 넌 인기가 뭐라고 생각해?

인기 있는 아이들은 항상 다음과 같은 모습일까요? 괄호 안에 '진실'과 '거짓' 중 맞다고 생각하는 걸 적으세요.

1. 가장 잘생겼다 혹은 가장 예쁘다. (   )

2. 옷을 잘 입는다. (   )

3. 몸매가 좋다. (   )

4. 가장 행복하다. (   )

5. 가장 힘이 세다. (   )

6. 가장 부자다. (   )

7. 가장 멋지다. (   )

8. 가장 재능이 많다. (   )

9. 가장 똑똑하다. (   )

10. 높은 빌딩에서 뛰어내려도 많이 다치지 않는다.(항상 운 이 좋기 때문에) (   )

답: 1. 거짓 2. 거짓 3. 거짓 4. 거짓 5. 거짓 6. 거짓 7. 거짓 8. 거짓 9. 거짓 10. 당연히 거짓!

인기 많은 아이들 대부분은 잘생겼고(혹은 예쁘고), 운동 잘하고, 옷을 잘 입는 경우가 많아요. 이보다 더 많은 장점들을 가지고 있을 수도 있고요. 그러나 이런 특징들이 영원한 인기를 보장해주는 건 아니에요. 세상에서 가장 아름다운 사람도 세계에서 가장 운동을 잘하는 사람도 성격이 나쁘면 결코 사람들에게서 사랑받을 수 없어요. 이제 가장 중요한 진실 한 가지를 알려줄게요. 이 세상에는 겉으로 드러나는 것보다 훨씬 더 중요한 것들이 있답니다. 사실, 대부분 숨어 있는 것들이 더 중요할 때가 많지요.

스스로를 긍정적으로 바라보기

'나는 인기가 있을까?' 이런 생각으로 고민해본 적이 있나요? 다른 애들이 나보다 더 잘났는지 스스로에게 물어본 적이 있나요? 그렇다면 이제 그만! 그런 생각들은 이제 그만 해요!

그 대신, 자신의 장점들을 생각해봐요. 부정적인 생각은 그만하고 긍정적인 생각을 해보자고요. 노력해보세요.

'아무도 날 좋아하지 않아.'

이렇게 생각하지 말고,

'내게는 날 돌봐주는 친구들이 많이 있어. 모든 사람들이 날 좋아하는 것보다 진정한 친구들이 있다는 게 내겐 더 소중해.'

나를 돌봐주는
친구가 가장
좋은 친구야.
걱정하지 마.
다 잘될 거야.

인기에 대한 2가지 고정관념

고정관념 1 _ 인기 많은 사람들은 모두 잘났다.

오! 완전히 틀린 말이에요.
유치하고, 터무니없고, 어리석은 생각이에요!

인기 많은 애들이 다른 애들보다 항상 잘났다고 생각하나요?
그 애들도 실수를 하는 사람이라고요. 그 친구들에게도 희망이
있고, 꿈이 있고, 걱정거리가 있고, 두려움이 있고, 좋은 날이
있으면 나쁜 날도 있어요. 다른 사람들처럼 말예요.

고정관념 2 _ 다른 애들을 함부로 대하면, 오히려 인기가
올라간다.

어리석은 생각을 하고 있군요!

다른 애들을 함부로 대하면 인기가 올라간다고 누가 그래요?
인기는 다른 아이들을 함부로 대해서 얻을 수 있는 게 아니에
요. "저리 가, 네가 나랑 어울린다고 생각해? 어림도 없지."라
고 말하는 사람을 누가 좋아하겠어요? 누구하고나 좋은 친구가
될 수 있는 사람이 인기도 많은 법이에요.

나에 대한 물음

여러분은 인기가 많은가요? 긴장하지 말아요. 이건 그냥 질문일 뿐이니까. 스스로를 못났다고 생각하는 사람은 '다른 사람들이 날 어떻게 생각할까?'를 고민하면서 시간을 낭비해요. 그러다가 결국 '나는 쓸모없는 아이야' 라는 부정적인 결론을 내리고 말지요. 정말 다른 사람 때문에 자신의 소중한 시간들을 낭비하고 말 건가요? 그러다간 자신의 진실한 모습마저 잃어버리게 될 거예요.

짧은 조언

진실한 모습으로 살아요. 스스로를 알려고 노력하세요. 다른
사람에게 친절하세요. 그게 바로 인기의 비결이에요.

이젠 괜찮나요 ?

　자꾸 편을 가르려는 것과 인기를 얻으려고 애쓰는 것, 이 두 가지 행동에는 비슷한 점이 많아요. 두 가지 행동 다 누군가에게 인정받고 싶고, 사랑받고 싶고, 칭찬받고 싶어 하는 감정 때문에 생기는 거거든요. 그래서 사람들은 친구들을 많이 사귀려고 하고, 친한 애들과 몰려다니는 거예요. 무리 속에 있으면 소속감도 생기고 더 강해진 듯한 느낌이 들거든요. 그러나 항상 무리 속에만 있을 수 없다는 게 문제지요. 같이 놀던 친구들이 어느 날 갑자기 여러분을 따돌린다면 어떻게 하겠어요? 어떤 기

114

분이 들까요? 화가 나고, 외롭고, 배신감이 들겠지요. 너무 괴로운 나머지 스스로를 미워하게 될지도 몰라요. 그런데 이것 하나만은 꼭 기억하세요. 진짜 친구들은 절대로 여러분을 무시하거나 따돌리지 않는다는 사실을 말예요. 여러분의 진실한 모습을 보지 못하고 특별한 이유도 없이 갑자기 여러분을 따돌리는 애들이라면 진짜 친구들이 아니죠. 그 애들은 그저 편을 나눠서 놀기 좋아하는 애들이에요. 혹시 지금 여러분도 이런 일을 겪고 있나요? 만약 그렇다면 여러분은 지금까지 정말 못된 애들하고 친구했던 거예요. 그러니 그 애들이 하는 말이나 행동에 마음 쓰지 말고, 이번에 진짜 좋은 친구를 찾아보도록 해요.

세상에서 가장 소중한 나!

편 가르기 좋아하는 애들이 여러분을 괴롭히고, 무시한다면 여러분은 진짜로 병이 날 수도 있어요. 사탕을 너무 많이 먹었을 때처럼 속이 울렁거리고, 수학 시험을 볼 때처럼 초조하고 불안한 기분에 휩싸이게 될 거예요.

그 애들은 여러분이 하는 일들을 모두 쓸데없는 짓이라고 놀릴지도 몰라요. 이런 일들이 반복되면 여러분 역시 자신을 못났다고 생각하게 될 거고요. 그러나 생각해보세요. 이 세상에 진짜 쓸모없는 사람이 있을까요? 단 하나뿐인 '내' 가 쓸모없다니요, 정말 말도 안 되는 생각이에요.

이런 태도는 안 돼!

편 가르는 애들을 무시한다. 안 돼요! 잡동사니들을 모두 옷장 안에 쑤셔넣고 문을 닫았다고 청소가 끝난 건가요? 아니에요. 언젠가는 누군가가 그 옷장 문을 열게 될 거고 그러면 그 안에 넣어두었던 물건들이 몽땅 쏟아지게 될 거예요. 방은 또다시 엉망진창이 되겠죠. 여러분이 해결해야 할 문제들을 모른 척하지 말아요. 그것들을 똑바로 바라보고 해결해야만 해요.

뒤에 숨어서 편 가르는 애들을 약 올린다. 숟가락에 콩을 가득 퍼서 그 애들이 있는 식탁으로 던진다고 문제가 해결되는 건 아니에요. 그건 그 애들을 자극해서 여러분을 더 괴롭히도록 만들 뿐이에요.

나를 따돌리는 애들을 적이라고 생각한다. 여러분을 따돌린다고 그 애들을 똑같이 괴롭히거나 위협한다면 그 애들은 여러분을 더욱 더 괴롭힐 거예요. 그러면 여러분은 학교를 가야 한다는 생각만으로도 두통이 심해질 거예요.

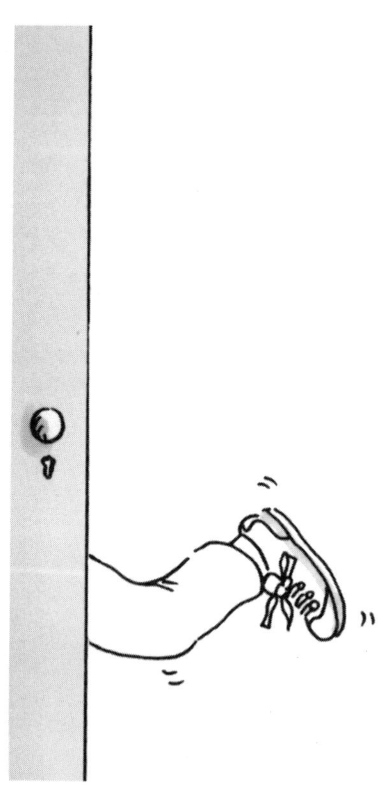

거짓된 모습으로 애들의 관심을 끈다. 사람들은 허풍쟁이를 금방 알아본답니다. 그러니 그냥 진실된 모습으로 있는 게 더 좋아요.

특종이야, 특종!
중요한 얘기가 있어!

완벽할 정도로 좋은 여러분의 하루를 못된 애들이 망치게 놔
두지 마세요.

　너무 인기가 많거나 걸핏하면 다른 애들을 따돌리려고 하는 아이들과 같이 논다면 곧 여러분은 소외감을 느끼거나 어쩐지 기분이 나빠질 거예요. 그러나 여러분에게는 그러한 상황을 바꿀 힘이 있어요.

남과 다르다고? 그게 뭐 어때서?

자신이 다른 아이들과 다른 것 같아 신경이 쓰이나요? 신경 쓰지 마세요. 남과 다르다는 게 이상하고, 바보 같고, 인기 없다는 뜻은 아니니까요. 오히려 여러분은 매우 특별하고 독립적인 사람일 거예요. 재미있고, 창의적이고, 생각이 깊고, 가치 있는 사람인 거죠. 다른 애들과 같이 몰려다니지 않는다고 해도 말이에요. 사실, 그런 건 별로 중요하지 않거든요.

다른 애들과 떨어져서 혼자 지내는 게 꼭 슬픈 일일까요? 그러한 경험을 통해 배울 것은 없나요? 잘 생각해보세요. 사실 사람은 혼자 있을 때 많은 것을 배우게 된답니다. 모든 일을 스스로 해봄으로써 자신에 대한 믿음이 높아질 거고, 숨겨져 있던 능력을 발견하게 될 거예요. 나는 어렸을 때 부끄럼을 많이 타서 친구를 사귈 때 어려움을 겪었어요. 그러나 나는 내게 남을 웃기는 재주가 있다는 걸을 알게 됐지요. 나는 사람들과 잘 지내기 위해 내 유머감각을 사용했고, 그것 덕분에 크나큰 자신감을 얻을 수 있었어요. 그리고 다른 친구들에게도 쉽게 다가갈 수 있었어요. 여러분도 자신의 숨겨진 능력을 찾아보세요. 그리고 그게 만약 뛰어난 유머감각이라면 사람들 앞에서 재미

있는 얘기하기를 두려워하지 마세요. 이 세상 모든 사람들을 웃길 수 있다는 자신감을 가지고 이야기를 해보세요. 그 생각 이 틀리지 않았다는 걸 곧 알게 될 거예요.

우리는 학교 밖에서도 재미있고 다양한 사람들과 친해질 수 있어요. 걸 스카우트나 보이 스카우트 모임, 혹은 자원봉사 등 을 통해서 말이에요. 활동을 많이 할수록 사람들을 만나는 기 회는 점점 많아질 거고, 스스로에 대해서도 더 많은 것들을 알 게 될 거예요.

다음에 봐!

우정의 조건

  기억하세요. 여러분은 언제 어느 때나 새로운 친구들을 만날 수 있어요. 만약 어떤 애들이 여러분을 싫어한다면, 다른 친구들을 사귀면 되죠. 지금 함께 노는 애들과 맞지 않는 것 같다면 다른 친구들을 사귀어 보는 것도 괜찮아요. 여러분은 오랜 친구들, 그리고 새로운 친구들과도 모두 잘 지낼 수 있거든요. 모든 것은 여러분에게 달려 있어요.

만약 여러분에게 한두 명의 좋은 친구들이 있다면 그것으로 충분해요! 그러나 꼭 그 친구들하고만 놀아야 할 필요는 없어요. 기회가 된다면 더 많은 친구들을 사귀어봐요. 물론 여러분을 돌봐주는 진짜 친구들, 여러분의 있는 그대로의 모습을 좋아해주는 진짜 친구를 수백 명이나 사귈 수는 없겠지만요!

금요일에 생일파티할 건데
너도 올래?

친구를 지키는 10가지 방법

10. 상냥하게 대하고 존경심을 보여준다.

9. 친구들을 감싸준다.

8. 친구들이 도와달라고 하면 기꺼이 도와주고 조언해준다.

7. 진실을 말해준다(물론 상냥하게).

6. 친구에게 상처를 입혔다면 미안하다고 말한다.

5. 여러분에게 상처를 준 친구가 미안하다고 사과하면 받아
들인다.

4. 약속한 것을 지킨다.

3. 우정을 지키기 위해 노력한다. 즉 친구들에게 무관심하지
않는다.

2. 친구를 바꾸려고 하지 않는다.

1. 자기 맘대로 친구를 휘두르려고 하지 않는다.

그리고 가장 중요한 것:
항상 친구에게 고마워한다.

여러분만 보면 쫓아와서 괴롭히는 싸움꾼 같은 친구가 있나요? 이유를 물어보면 말을 안 해주거나 말도 안 되는 이유만 늘어놓는다고요? 그 애들이 왜 그러는지, 그럴 때는 어떻게 해야 하는지 어서 이 책을 펼쳐 보세요.

싸움꾼은 골칫덩어리

수민이는 알람시계가 울리자 최대한 늑장을 부리며 침대에서 빠져 나왔습니다. 학교 가기가 너무 싫었거든요. 지난주 내내 같은 반 아이인 승욱이는 수민이를 보란 듯이 괴롭혔어요. 선생님이 안 보실 때마다 때리고, 욕하고, 심지어는 필통도 슬쩍 가져가버렸지요. 수민이는 화나고 당황했지만 승욱이한테 뭐라고 말해야 할지 알 수 없어서 그냥 가만히 있었어요. 왜 승욱이가 자신을 괴롭히는지 이유도 알지 못한 채요. 오늘도 수민이는 '승욱이가 뺏어가면 어쩌지?' 하고 걱정하며 엄마가 주신 용돈을 신발 속에 감춰둡니다. 그리고 교실에 들어가자마자 어김없이 자신을 째려보는 승욱이를 봅니다. '어떻게 하면 오늘을 무사히 넘길 수 있을까?' 손에 식은땀이 나는 것을 느끼며 수민이는 고민에 빠져들었습니다.

혹시, 여러분도 위와 같은 상황에 처해본 적이 있나요? 특정한 친구만 골라 계속해서 괴롭히는 고약한 아이들을 만나본 적이 있나요? 우리 이제부터 그런 애들을 싸움꾼이라고 부르기로 해요.

자, 그럼 이제 싸움꾼에게 맞서기 위해 필요한 것들을 알아볼까요?

1. 여러분은 혼자가 아니에요.

어느 날 갑자기 어떤 아이가 여러분에게 "나 너 싫어!" 하고 말할지도 모릅니다. 그리고 그때부터 아무 이유 없이 여러분을 괴롭힐지도 모르고요. 사실 생각보다 많은 친구들이 이런 식으로 괴롭힘을 당하고 있는지도 몰라요. 문제는 대부분의 친구들이 그런 일을 당하면 입을 꾹 다문 채 그 상황을 피하려고만 한다는 거예요. 부끄럽거나 두렵다는 이유로 자신이 무슨 일을 당하고 있는지, 지금 자신의 상황이 얼마나 나쁜지 자꾸 감추려고 하지요. 전학을 가거나, 이사를 가면 문제가 해결될 거라고 생각하면서 말예요. 사실 그렇지 않은데도요.

2. 그것은 여러분 잘못이 아니에요.

누군가가 여러분을 괴롭힌다고요? 그래서 자꾸만 '내가 못나서 그래, 내 잘못이야'라는 생각이 든다고요? 제발 그런 생각은 하지 마세요. 여러분이 잘못한 게 아니에요. 그 애에게 날 좀 괴롭혀달라고 말한 적도 없잖아요.

그러니 상황을 객관적으로 보고 분석해보세요. 대체 무슨 일이 있었나요? 그 애가 뭐라고 했나요? 그 애들이 왜 여러분을 괴롭히는 것 같나요? 외모나 옷 입는 방식 때문에 그런 것 같나요? 어찌됐건 여러분 잘못은 아니지요.

사전에서 '싸움꾼'이라는 말을 찾아보면 다음과 같은 설명을 볼 수 있어요.

'다른 사람들을 위협하고, 자기가 젤 잘났다고 뽐내는 사람,
또는 습관적으로 다른 사람을 괴롭히는 고약한 사람'

자꾸 문제를 일으키는 사람, 사람들에게 상처 주는 걸 즐기고 상대방을 얕잡아 보는 사람이라고 설명한 사전도 있지요. 전문가들은 싸움꾼의 특징을 이렇게 말해요. '다른 사람을 조종하는 걸 좋아하고, 조종당하는 사람 앞에서는 더 거칠어진다.' 괴롭힘을 당하고도 아무 소리 못하면 싸움꾼들이 더 괴롭히는 건 바로 그 때문이죠.

싸움꾼은 정말 골칫덩어리야!

싸움꾼은 어디서나 볼 수 있어요. 그러나 그런 애들을 가장 많이 발견할 수 있는 곳은 바로 학교에요. 어쩌면 여러분의 짝꿍이 싸움꾼일 수도 있어요. 아주 순하게 생긴 아이라도 속으로는 다른 아이들을 따돌리고 괴롭히는 걸 좋아할 수도 있는 거라고요.

싸움꾼은 남자아이나 여자아이일 수도 있고, 어른일 수도 있지요. 그런 사람들은 항상 우리 주변에 있고, 계속 문제를 일으켜 왔답니다. 그러나 우리는 이것을 기억해야 해요. 싸움꾼을 변화시킬 수 있다는 사실을 말이에요.

이제부터는 어떤 사람들이 싸움꾼이 되는지, 왜 그런 행동을 하는지에 대해 알려줄까 해요. 그리고 싸움꾼으로부터 자신을 보호하는 법, 괴롭힘을 당하고 있는 다른 사람을 도와주는 법에 대해서도 알려주겠어요. 다른 사람을 괴롭혀본 적이 있는 사람이라도 이 책에서 큰 도움을 얻을 수 있을 거예요. 친구들과 잘 지내는 법, 스스로를 '좋은 사람'이라고 느끼는 법 등을 가르쳐주니까요. 이 방법들을 배우면 괴로움이나 외로움에서 벗어날 수 있답니다.

여러분은 학교에서나 집에서나 사회에서나 항상 즐겁고 안전하게 생활할 권리가 있어요. 너무나 당연한 거죠. 만약 지금 누가 여러분을 괴롭히고 있다면 이 책에 나온 1단계부터 잘 따라 해보세요. 틀림없이 변화가 일어날 거예요.

쉽고 간단한 테스트

싸움꾼을 설명하는 단어를 찾아보세요.

뚱뚱하다   못 생겼다   평범하다

잘 생겼다

키가 크다   똑똑하다

무섭다

말랐다   힘이 센

바보 같다

힘이 세지 않은   키가 작다

답은 뭘까요? 응, 사실 모든 단어가 답이 될 수 있어요. 싸움꾼은 뚱뚱할 수도, 말랐을 수도, 키가 클 수도, 작을 수도 있으니까요.

이런 애들이 바로 싸움꾼!

외모만으로 싸움꾼을 가려낼 수는 없어요. 그러나 그들에게도 한 가지 공통점이 있지요. 싸움 거는 걸 좋아한다는 것과 다른 아이들의 자신감을 빼앗을수록 스스로를 더 강하다고 생각한다는 점이에요.

싸움꾼은 여러분의 자신감을 쪽쪽 빨아먹는 **흡혈귀**예요.

싸움꾼은 여러 가지 방법을 사용해 사람들을 괴롭혀요. 때리기도 하고, 놀리기도 하고, 일부러 화나게 만들기도 하고, 귀찮게 하거나 친구들 사이에 싸움을 붙이거나, 겁주기도 하지요.

직업을 구하기 위해 면접을 본다고 생각해보세요.

면접관이 묻습니다.

"학교 다닐 때 가장 잘했던 걸 말해보세요."

그러면 아마 싸움꾼은 이렇게 대답할 거예요.

"음…. 저는 다른 아이들을 잘 때리고 다녔어요. 학교에서는 제가 대장이었다고요."

그러나 싸움꾼들은 친구 사귀기, 상냥하게 말하기, 사람들 보살피기, 책임지기, 다른 아이들과 어울리기 등은 제대로 하지 못합니다. 그들은 남과 잘 지내는 법을 모르기 때문에 종종 부모님을 찾아온 어른들에게 소리를 질러대거나 맘에 안 드는 부분이 있으면 다른 애들을 때리기도 해요. 그리고 이런 행동은 스스로의 마음에도 깊은 상처를 남기지요.

싸움꾼들은 주위에 있는 사람이나 연약한 동물들에게 화를
내곤 합니다.

　그 아이들은 인내심이 강하지 않기 때문에 벌컥벌컥 화를 내곤 해요. 너무나 빨리 흥분하는 게 문제죠. 그런 사람 가까이에 있다는 것은, 세찬 물이 뿜어져 나오는 분수 한 가운데 멍하니 서 있는 거랑 같은 거예요. 그러니 조심해야 해요!

싸움꾼이 나타났다! 어떻게 해야 하지?

싸움꾼들은 보통 자기보다 연약해 보이는 애들을 표적으로 삼아요. 예민하고, 내성적이거나 소심한 아이들을 괴롭히지요. 개미가 사탕에 끌리는 것처럼, 싸움꾼들은 수줍음이 많은 아이들 주변으로 몰려들어요. 몸집이 작거나 자기보다 어린 친구들을 골라 괴롭히는 거죠. 그렇다면 이런 애들에게서 스스로를 지킬 수 있는 방법은 무엇일까요? 무서운 표정을 짓거나 몸짓이 좀더 커 보이도록 변장이라도 해야 할까요?

아니, 변장하거나 몸이 커 보이도록 여러 벌의 옷을 껴입는다 해도 그 애들의 태도는 달라지지 않을 거예요. 그 애들은 여러분이 어떤 애인지 이미 알고 있고, 괴롭히기로 결정했는걸요. 겉모습만 바꾼다고 해서 그 애들의 심술을 피해갈 수는 없어요. 진짜로 다르게 보이고 싶다면 여러분의 태도를 바꾸세요. 씩씩하게 걸어 다니고, 고개를 꼿꼿이 든 채 상대방의 눈을 바라보면서 또록또록하게 말하세요. 좀더 당당한 태도를 지니면 아마 싸움꾼들도 여러분을 다르게 볼 거예요.

전
후
푹 수그린 고개
꼿꼿이 세운 얼굴
자신감 넘치는 웃음
구부정한 자세
아래를 보는 눈
바른 자세
'나는 최고!' 라는 표시
어정쩡한 걸음걸이

싸움꾼들은 보통 경쟁심이 아주 강해요. 운동, 게임을 할 때 지는 걸 매우 싫어하고, 그렇기 때문에 종종 반칙을 하기도 하죠.

　어떤 애들은 다른 애들에게 이런 말을 하기도 해요. "야, 돈 좀 주라!" "답을 안 보여주면 때릴 거야!" "그 시계 좋아 보인다. 내가 가져도 되지?" 그들은 다른 아이들의 소지품이나 돈을 빼앗기도 하고, 일부러 망가뜨리기도 해요.

159

좋아!

싸움꾼들은 자신 때문에 어떤 애가 속상해하거나 울면 매우 즐거워합니다. 그러니 울지 마세요. 눈물을 보인다고 해서 그 애들이 안타까워하지는 않을 테니까요. 가능한 한 침착함을 유지하면서 당당함을 잃지 마세요. 그리고 그 애로부터 될 수 있는 한 멀리 떨어지세요.

싸움꾼은 힘이 세다는 것을 자랑스러워해요. 이 세상에서 최고로 강한 사람이 됐으면 하죠. 만약 힘을 세게 해주는 특수한 물건이 있다면, 싸움꾼들은 망설이지 않고 그것을 가질 거예요.

싸움꾼보다 더 나쁜 게 있어요. 바로 싸움집단, 다른 말로 하면 폭력집단이라고도 하죠. 이런 집단은 아주 위험해요. 무리로 있기 때문에 혼자일 때보다 힘도 더 세고, 더 심하게 애들을 괴롭히거든요. 그렇기 때문에 폭력집단은 무조건 피하는 게 좋아요. 어쩌면 친구 중의 한 명이 여러분에게 폭력집단에 들어오라고 강요할 수도 있어요. 그러나 그런 사람들이 하는 말, 폭력집단에 들어가면 인기가 올라가고, 강해지고, 멋있어진다는 말 따위는 절대 믿지 마세요. 대부분 폭력집단에 있었던 사람들은 결국 감옥이나 병원으로 가게 된답니다.

새로운 멤버 구함.
최고의 이익 보장

어떤 폭력집단은 위험을 무릅쓰고 무기를 만들거나 운반합니다. 만약 여러분이 칼이나 몽둥이를 가진 누군가를 보게 됐다면 무엇부터 해야 할까요? **일단 빨리 그 자리를 떠나야 합니다.** 그들을 위협하거나 공격하거나 자극하면 안 돼요. 만약 안전한 장소에 있다면, 즉시 어른들께 자신이 본 것에 대해 말하도록 해요. 부모님이나 선생님, 상담선생님, 친구, 경찰에게 말하세요.

만약 싸움꾼인 폭력배가 여러분을 목표로 삼았다면, 집으로부터 멀리 떨어진 곳으로 걸어 다니세요. 그 애들이 여러분이 어디 사는지 모르도록 말예요.

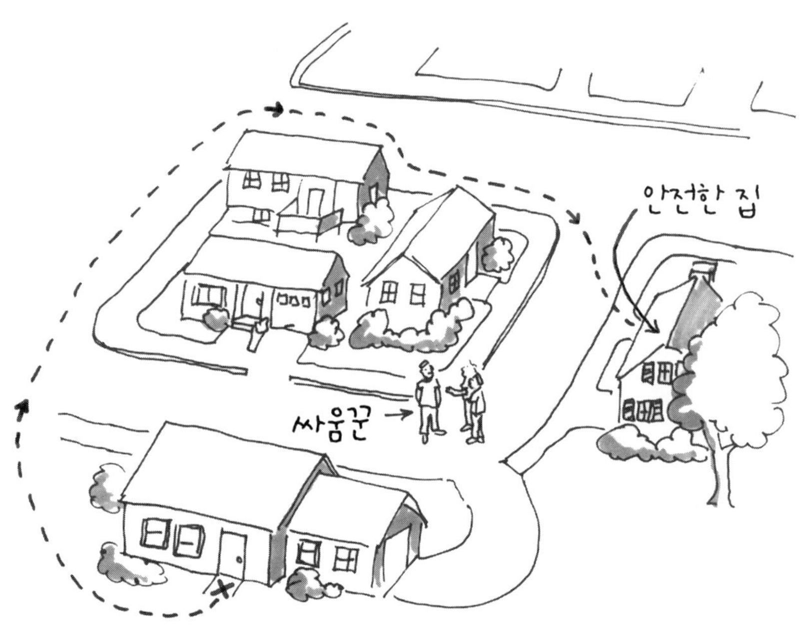

필요하다면 집에서 멀리 떨어져 있는 안전한 장소로 가세요.

이때, 안전한 장소까지 함께 갈 친구를 찾았다면 더없이 좋겠
지만, 그렇지 않더라도 나중에 부모님께 데리러 와달라고 말씀
드리면 되니까 너무 걱정하지 말아요.

그래도 폭력집단들이 여러분을 계속 따라온다면, 무조건 그 자리에서 벗어나야 돼요. 빨리 뛰어서라도 **잽싸게 자리를 피해요**. 정신없이 도망가는 여러분을 이상하게 쳐다보는 사람들도 있을 거예요. 그러나 중요한 것은 그렇게 하면 무사히 집에 도착할 수 있다는 거죠.

집을 향해 뛰어가세요. 집에 다다를 때까지 쉬지 말고 뛰어요. 일단 사람들이 많은 길로 뛰어가도록 해요. 주변에 경찰서나 폭력예방센터, 청소년보호 종합 지원센터 등이 보이면 그곳으로 뛰어가는 것도 좋아요. 이런 보호시설은 폭력집단이나 질 나쁜 사람들로부터 여러분을 지켜줍니다. 평소에 청소년보호 종합 지원센터의 마크를 잘 봐두었다면 위험한 상황에서 더욱 빨리 그곳을 찾을 수 있을 거예요. 만약 주변에 보호시설이 없다면 부모님께 미리 얘기해보세요.

청소년 관련 협회, 목록

청소년보호 종합 지원센터 _ 청소년이 긴급한 도움을 요청하면 긴급구조, 상담, 법률 및 의료지원 등의 서비스를 제공하는 청소년 전문기관입니다.

- www.1388.or.kr
- 02-734-1388

청소년쉼터 _ 청소년을 대상으로 상담 및 다양한 교육활동을 벌이고 있으며, 가출청소년들에게 무료로 숙식을 제공하고 있습니다.

- www.ya1388.or.kr

학교폭력예방재단 _ 서울특별시립 청소년정보문화센터 상담실에서 운영하는 학교폭력전문상담사이트입니다. 전화상담, 면접상담, 사이버 상담 등 여러 가지 채널을 통해 고민거리를 상담할 수 있으며, 활동에 참여할 수도 있습니다.

- www.wangtta.com

저 혼자만
잘났군!

싸움꾼도 괴로워할 때가 있답니다. 가끔씩 진심으로 다른 아이들을 부러워하고 그들과 자신을 비교하면서 스스로를 실패자라고 생각할 때도 있어요. 그러나 그 다음 순간 곧바로 상대방을 질투하고, 시기하고, 다른 아이들의 성공을 헐뜯고 싶어 하죠. 그래서 다음과 같은 방법을 사용해 자신이 표적으로 삼은 애를 괴롭히는 거예요.

- 협박하거나 욕을 한다.

- 꼼짝 못하게 만든다.

- 짓궂은 농담을 한다.

- 비열한 방법으로 무시한다.

- 옷을 더럽힌다.

- 고약한 별명으로 부른다.

- 악의적인 태도를 보인다.

- 나쁜 소문을 퍼뜨린다.

　누군가가 이런 방법들로 여러분을 괴롭힌다면 어떤 기분이 들까요? 아마도 무섭고 슬프고 화나고 외롭고 혼란스러울 거예요. 하지만 그런 감정에 휩싸여 풀이 죽으면 싸움꾼은 자신이 이겼다고 생각해요! 그들이 여러분의 자신감을 없애지 못하도록 막으세요. 목표한 것은 반드시 이루려는 강한 모습을 가지세요. 그러면 아무리 못된 애들이 괴롭힌다 해도 스스로에 대한 믿음을 끝까지 지킬 수 있을 거예요.

믿거나 말거나, 사실 모든 사람들은 싸움꾼의 기질을 가지고 있어요. "나는 최악이야." "나는 멍청해" "내가 잘할 수 있는 건 아무것도 없어." 사람들은 누구나 무섭고, 슬프고, 화나고, 외롭고, 혼란스러운 상태로 스스로를 몰고 가려는 성향이 있죠. 그리고 그렇게 해서 자신에 대한 믿음이 사라지면 다른 사람을 괴롭힘으로써 자신감을 되찾으려 하고요. 바로 싸움꾼이 돼버리는 거죠.

그런 상태가 되기 전에 이렇게 스스로에게 말하세요. "나는 강한 사람이야." "나는 똑똑해." "나는 할 수 있어." 직접 큰 소리로 말해보세요. 그러면 아마 여러분은 성공할 거예요. (만약 진짜로 성공하지 않더라도 스스로 최고라는 기분을 만끽할 수 있을 거예요.)

179

친구, 혹은 더 많은 사람들과 사귀기! 싸움꾼은 어떤 모
임에서도 친구들과 진심으로 웃거나 행복해하지 않아요.

　　진짜 친구는 어떻게 알아볼 수 있을까요? 숙제를 도와
주거나, 같이 공놀이를 하거나, 비밀을 지켜주거나, 서로 교환
일기를 쓰는 것 외에 또 다른 특징들이 있을까요? 지금 그 답을
알려줄게요. 진짜 친구는, 힘든 시기에도 여러분 곁에 있어 주
는 사람이랍니다. 진짜 친구들에게 여러분이 지금 괴롭힘을 당
하고 있다는 걸 알리세요. 그 친구들이 도와주면 싸움꾼도 여
러분을 건드리지 못할 거예요. 진짜 친구들이라면 싸움꾼에게
이렇게 말할 거예요. "너 왜 우리 친구를 괴롭히니?" "그만 둬.
네 행동이 거슬려!"

더 이상 우리 친구를
괴롭히지 마!

싸움꾼에 대한 5가지 고정관념

고정관념1. 싸움꾼은 스스로에 대한 자부심이 거의 없다.

진실 1. 싸움꾼들이 다른 애들을 괴롭히는 이유는 다른 아이들을 제 맘대로 조종하고 싶기 때문이에요. 그렇게 해서 자신이 제일 강하다는 것을 보여주고 싶어 하죠. 그리고 그것은 자부심이 높거나 낮은 거 하고는 거의 관계가 없어요.

고정관념 2. 싸움꾼은 모두 남자애들이다.

진실 2. 여자아이들도 역시 싸움꾼이 될 수 있어요. 남자애가 자신보다 연약해 보이는 여자애를 괴롭히는 것처럼 여자애도 그렇게 남자애를 괴롭힐 수 있어요.

고정관념 3. 어릴 때 싸움꾼이었어도 어른이 되면 평범해진다.

진실 3. 다른 애들을 때리고 무시하고, 괴롭히는 행동이 저절로 좋아질 거라고 생각하나요? 그런 행동이 평범해 보이나요? 그냥 놔두면 언젠가는 좋아질 거라고 말하지 마세요. 그렇게 생각해버리면 나쁜 행동을 고칠 기회가 영영 사라져버릴 거예요. 그리고 그렇게 생각하는 사람은 누군가가 자신을 괴롭혀도 그냥 참고만 있을 거예요. 그러면 싸움꾼은 계속 괴롭힐 테고, 결코 문제는 해결되지 않을 거예요.

고정관념 4. 싸움꾼에게 맞서는 가장 좋은 방법은 복수를 하거나 맞서서 싸우는 것이다.

진실 4. 싸움꾼에게 복수를 하거나 그와 맞서서 싸우는 것은 더 안 좋은 결과를 가져올 거예요. 싸움꾼은 어차피 싸우는 것을 좋아하기 때문에, 여러분이 먼저 결투를 신청하면 바로 주먹을 날릴지도 몰라요. 그러면 여러분은 크게 다칠 수도 있어요.

고정관념 5. 싸움꾼을 무시하면 그들은 가까이 오지 않는다.

진실 5. 어떤 애들은 피하거나 무시할 때 더 덤벼들기도 해요. 싸움꾼의 관심을 끄는 행동은 자제하는 게 좋겠죠.

그렇다면 싸움꾼 앞에서는 어떤 행동을 해야 할까요? 먼저 깊이 숨을 들이마시고, 싸움꾼의 눈을 봅니다. 그리고 단호하고 강한 목소리로 이렇게 말합니다.

- 그렇게 하지 마. 난 그게 싫단 말이야.
- 날 그냥 내버려 둬. 나는 네가 그렇게 하는 게 싫어.
- 네가 날 귀찮게 하면 선생님께 말할 거야.

그런 다음, 그 자리를 벗어납니다.

이렇게 해야 하는 이유는 싸움꾼과 얘기하는 게 결코 쉬운 일이 아니기 때문입니다. 물론 앞에서 처럼 말하는 것도 쉬운 건 아니지요. 그러니 연습을 하세요. 집에서 거울을 보면서 거울에 비친 사람이 여러분이 아닌 나를 괴롭히는 싸움꾼이라고 생각하는 거예요. 그리고 분명한 목소리로 자신의 생각을 또록또록 말하세요. 이 연습을 하고 나면 자신이 더 당당하게 느껴질 거예요. 확신이 들 때까지 계속해서 연습해보세요.

가족이나 친구와 함께 역할극을 해봐도 좋아요. 상대방을 싸움꾼이라고 생각하면서 자신이 하고 싶은 말을 해보는 거죠. 이 연습을 자주 하다보면 실제 상황에서도 싸움꾼의 눈을 바라보면서 침착하게 말할 수 있을 거예요.

"지금이야, 지금. 일단 말하고 보는 거야!"라는 주문을
항상 외우고 있다가 싸움꾼이 여러분을 괴롭힐 때 큰 소리로
외치세요. "당장, 그만 둬!" "넌 지금 날 때려서 다치게 했어!"
"날 그냥 내버려둬!" 크게 소리치면 아마도 싸움꾼도 놀랄 거
예요. 그때 여러분은 재빨리 그곳을 빠져 나오는 거예요. 사람
들이 많은 곳에서 이 방법을 사용한다면 다른 사람들의 시선
때문이라도 싸움꾼은 다른 곳으로 가고 말 거예요.

날 혼자 내버려 둬!

여러분이 괴롭힘을 당하고 있다는 사실을 어른들에게 알리세요. **알리는 걸 두려워하지 마세요.** 개인적으로 만나서 얘기를 털어놓는다면 기분도 편안해질 거예요. 조용히 다른 곳에서 얘기한다면 여러분이 누구에게 그런 얘기를 했는지 싸움꾼이 어떻게 알겠어요? 이것은 절대 고자질이 아니에요. 단지 여러분의 힘든 상황을 말하고 있는 거죠. 부모님, 친척, 선생님, 친구 등에게 여러분이 지금 어떤 상황에 놓여 있는지 얘기하세요.

그렇게 한다면 **다른 사람들이 기꺼이 도와줄 거예요.** 그리고 어쩌면 이러한 기회를 통해 싸움꾼도 자신의 잘못을 깨닫고 오히려 더 좋은 친구가 될 수도 있어요. 폭력이나 협박을 사용하지 않고도 진정한 친구를 사귀는 방법을 알게 될지도 모르죠.

197

특별한 역할극을 해볼 수도 있어요. 싸움꾼과 싸움꾼에게 괴롭힘을 당하는 아이, 그리고 그 아이의 친구 이렇게 세 가지 역을 각각 돌아가면서 한 번씩 해보는 거예요.

서로 다른 방법을 사용해서 싸움꾼에게 맞서는 거죠. 아니면 싸움꾼이라는 주제를 놓고 토의해볼 수도 있어요. 싸움꾼을 막는 방법, 그 애들이 그렇게 행동하는 이유 등을 얘기해볼 수도 있고요. 또한 그룹별로 그 주제에 대해 토론해볼 수도 있지요.

자신의 힘든 상황을 다른 이들에게 말한다면 싸움꾼은 더 이
상 여러분을 괴롭히지 못할 거예요. 그것은 싸움꾼에게도 좋은
일이에요. 다른 사람들의 도움을 받아서 자신의 행동을 고칠
수 있을 테니까요. 그렇게 되면 모두들 그 애에 대해 더 잘 알게
되고, 그 애의 상황에 대해서도 더 많이 이해해주려고 할 거예
요. 선생님도 그 문제를 해결할 수 있는 좋은 방법을 찾게 될 테
고요.

싸움꾼을 다룰 때 해야 할 일과 하지 말아야 할 일들

싸움꾼이 여러분의 외모, 옷, 성적, 그 밖의 다른 것들을 가지고 놀릴 때는….

이렇게 말하세요. "네가 네 맘대로 생각할 수 있는 것처럼 나도 내 방식대로 살 권리가 있어." "네가 나를 판단하는 것처럼 나도 널 그렇게 판단할 수 있다는 걸 기억해." "음…. 충고는 고마워. 한번 생각해볼게." 그 애가 했던 말들을 마음속에 깊이 담아두지 말아요. 그 말들은 못된 아이가 제멋대로 한 말들일 뿐이에요. 진짜 여러분을 나타내는 말은 아니잖아요.

상처 받았다는 걸 보여주려고 연기할 필요는 없어요. 숨을 몰아쉬거나 바닥에 쓰러지는 흉내를 내면 오히려 싸움꾼은 짜증난다는 표정으로 여러분을 노려볼 거예요. 속으로 '웃기고 있네' 라고 생각할지도 몰라요. 이런 연기는 상황을 더 나쁘게 만들 뿐이에요. 그것 때문에 싸움꾼이 여러분을 더 괴롭힐 수 있으니까요.

싸움꾼이 여러분을 협박할 때는….

스스로의 판단에 따라 행동해야 합니다. 예를 들어, 싸움꾼이 이렇게 말한다고 해봐요. "맞고 싶지 않으면 지금 당장 돈 내놔!" 이럴 때 여러분은 뭐라고 말할 건가요? "너한테 내 돈을 주고 싶지 않아. 만약 네가 나를 때린다면 선생님께 바로 말해버릴 거야." 괜찮은 방법이에요. 하지만 으슥한 곳에서 싸움꾼을 마주쳤다면요? 그것도 한 명이 아닌 무리를 만났다면요? 그럴 때는 차라리 돈을 주고 그 상황을 빠져나오는 게 좋아요. 일단 그곳을 나온 후에 어른들에게 말하는 게 더 현명하죠.

그러나 절대 무릎을 꿇고 훌쩍이지 마세요. "돈 다 줄게. 네가 원하면 뭐든지 줄게. 날 때리지만 마!" 싸움꾼은 여러분이 비굴한 태도를 보일수록 좋아한답니다. 그러면 계속해서 여러분을 괴롭힐 거예요.

205

싸움꾼이 여러분을 놀릴 때는….

듣지 마세요. 귀를 막고 멀리 가버리세요. 싸움꾼이 무슨 말을 해도 심지어, 겁쟁이, 멍청이, 바보라고 말을 해도 그냥 못 들은 척하세요. 그 말들은 진실이 아니니까요.

울지 마세요. '나는 정말 바보야' 라고 생각하며 집으로 달려가 방문을 잠근 채 이불을 뒤집어쓰지는 말아요. 친구들도 멀리한 채 계속 스스로를 괴롭히지 말아요. 싸움꾼은 바로 그런 상황을 바랐던 거예요.

싸움꾼이 여러분에게 싸움을 걸어올 때는….

가능한 한 빨리 달아나세요. 그리고 어른들께 말해요. 선생님, 엄마, 아빠, 혹은 근처에 있는 다른 어른들께 말하는 거예요. 같이 맞붙어 싸우는 것은 더 큰 싸움을 불러일으킬 뿐이에요. 만약 여러분이 싸움을 거절한다면, 크게 다치는 일은 피할 수 있을 거예요.

이렇게 말하지 마세요. "내 주먹 한 방이면 넌 끝이야!"
이런 말은 싸움을 불러오고, 그렇게 되면 결국 손해 보는 것은
여러분입니다. 싸움꾼은 항상 싸울 준비가 돼 있거든요. 그리
고 만약 학교에서 싸우게 됐다면, 누가 먼저 싸움을 걸었는지
에 상관없이 여러분도 선생님께 불려갈 거예요.

싸움꾼이 여러분에게 다가오는 걸 발견했다면….

싸움꾼으로부터 멀리 떨어지세요! 친구가 있는 곳으로 가든지, 근처에 있는 누군가에게 다가가세요. 사람들이 많은 곳으로 가는 것도 좋아요. 그러면 싸움꾼은 결코 여러분을 괴롭히지 못할 거예요.

싸움꾼을 약 올리지 마세요. 그 아이를 향해 혀를 내밀거
나 코딱지를 튕기지 마세요. 그러면 싸움꾼은 여러분을 때리려
고 달려올지도 몰라요.

평소에 무섭게 보이기 위해 싸움꾼들도 끊임없이 연습을 한
다는 사실을 알고 있나요? "평생 잊지 못하게 손봐주겠어!"
"넌 이제 죽은 거야, 알았어?" "가만두지 않을 거야. 각오해!"
이런 말과 험악한 표정을 계속 연습하고 있다고요. 그러니 만
약 싸움꾼이 다가와 얼굴을 찡그리며 협박하면 속으로 박수쳐
주세요. '야, 연기자 감인 걸!'

내가 널 혼내주겠다!

스스로를 보호하는 법을 배우고, 좀더 높은 자신감을 갖고 있으면 싸움꾼에게서 자신을 지켜낼 수 있어요. 태권도 같은 운동을 배우는 것도 그 방법 중 하나겠죠. 태권도는 스스로를 방어하는 방법을 알려주고 자신감도 키워줘요.

가끔은 농담이 싸움을 쉽게 해결할 수 있도록 도와줄 수도 있어요. 만약 싸움꾼이 여러분을 때리려고 한다면 이렇게 말해보세요. "있잖아, 내가 우리 둘의 시간을 아낄 수 있는 방법을 생각해봤어. 그냥 내가 나를 때리는 건 어떨까? 그럴 동안 넌 그냥 집에 가고 말이야. 어때?" 단, 이때 주의할 게 있어요! 그 아이를 소재로 농담을 하지는 말아요. 그럼 그 애는 여러분이 자신을 놀린다고 생각하고 더 화를 낼 테니까요.

어후!

　때론 '직접적으로 말하기'가 싸움꾼의 코를 납작하게 해줄 수도 있어요. 예를 들어, 싸움꾼이 여러분을 "바보"라고 놀린다고 해봐요. 그 말을 듣고 갑자기 참을 수 없는 분노가 치솟았다면 그냥 직접적으로 하고 싶은 말을 하세요. "날 그렇게 부르는 거 정말 싫어. 난 그 말을 들으면 너무 화가 나. 난 네가 생각하는 것처럼 바보가 아니야. 너 빼곤 누구도 날 그렇게 부르지 않아!" 그때 기분을 정확하게 말로 해보세요. 이런 방법으로 스스로를 보호할 수 있을 거예요.

싸움꾼을 당황하게 만들고 싶나요? 그러면 그와 친구가 되도록 노력해보세요. 사실 싸움꾼은 친구를 사귀는 능력도 부족하고, 친구를 만들고 싶어도 항상 사람들 사이에서 문제를 일으키기 때문에 주변에 진정한 친구가 없죠. 그래서 더욱 더 강하고 무섭게 보이도록 스스로를 꾸미는 거예요. 그러니 여러분이 나서서 그 애의 손을 잡아주세요. 그러면 결국엔 그 아이의 태도를 바꿀 수 있을 거예요.

여러분은 싸움꾼인가요?

자신이 싸움꾼인지 아닌지 궁금한가요? 여기 그것을 알게 해주는 질문이 있습니다. 질문 목록을 따라 잘 대답해보세요. 만약 "네"라는 대답이 하나나 둘이 나왔다면 조금은 싸움꾼의 성향을 가지고 있는 것입니다. 그러나 "네"라는 대답이 셋이나 그 이상이 나왔다면 현재 여러분은 자신의 태도나 행동을 좀더 친근하고 부드럽게 바꿀 필요가 있습니다.

자, 그럼 시작해볼까요?

1. 여러분보다 몸집이 작은 아이나 동물을 괴롭혀본 적이 있나요?
2. 다른 사람을 놀리거나 괴롭히는 게 재미있나요?
3. 놀림을 받은 사람이 화를 내도 미안하지 않나요?
4. 다른 사람이 실수했을 때 고소한 마음이 드나요?
5. 다른 사람의 물건을 뺏거나 망가뜨리는 것을 좋아하나요?

6. 학교에서 가장 힘이 센 사람이 되고 싶나요?

7. 화가 좀처럼 잘 안 풀리나요?

8. 어떤 아이가 여러분에게 실수를 했을 때, 오랫동안 그 애를 비난하나요?

9. 여러분을 다치게 한 사람에게 꼭 복수를 해야 하나요?

10. 게임이나 경기에서 항상 이겨야 한다고 생각하나요?

11. 어떤 일에 실패하거나 경기에서 졌을 때, 다른 사람이 여러분에 대해 어떻게 생각할까 걱정하나요?

12. 다른 누군가가 성공했을 때 화가 나고 질투가 나나요?

어때요? 결과가 나왔나요? 싸움꾼이라고 나왔다고요? 테스트 결과가 그렇게 나왔다 하더라도 너무 걱정하지 마세요. 여기 좋은 소식이 있어요. 노력하면 충분히 싸움꾼의 성향도 변화시킬 수 있거든요. 부모님, 선생님, 다른 어른들이 여러분을 도와 줄 거예요. 일단 마음을 열고 부탁드려봐요.

싸움꾼은 화났을 때 다른 아이들을 괴롭히면서 화를 풀고, 괴롭힘을 당한 아이는 그 사실 때문에 화가 나게 되죠. 결국 화를 잘 참을 수만 있다면 누군가를 괴롭힐 필요도, 누구 때문에 화를 낼 필요도 없게 되는 거예요. 화가 치밀어 오른다면 긍정적인 생각을 하도록 노력해보세요. 깊이 숨을 들이마시고, 안정을 찾을 수 있도록 상황에서 벗어나 조용히 생각에 잠겨보세요. 평화로운 장소를 상상하고, 여러분의 애완동물이나, 기분 좋게 만들어주는 것들을 머릿속에 떠올려봐요. 화가 난 감정에 대해 누군가와 얘기해보는 것도 좋아요.

누구나 싸움꾼으로 돌변할 수 있어요. 그러나 대부분의 사람들은 다른 사람들에게 피해를 주지 않으려고 자신의 감정과 행동을 조절하죠. 그러니 모두들 싸움꾼이 될 수 있지만 진짜 싸움꾼처럼 행동하는 것은 옳지 못한 일이에요. 물론 누군가가 자신을 괴롭힐 때 아무 소리 못하고 그냥 참고만 있는 것도 좋지 않아요. 그렇게 계속 화를 참고 있으면 결국엔 극단적인 방식으로 자신의 분노를 뿜어내게 될 테니까요.

여러분은 누군가가 자신을 괴롭힌다면 어떻게 할 건가요?

일단 생각을 하는 거예요. 그리고 계획을 세우는 거죠. 목소리를 높여 강한 불쾌감을 드러낸 후에 재빨리 도망갈 준비를 하세요.

난 더 이상
싸움꾼이
아니야.

　요즘 우리는 신문과 잡지에서 심심치 않게 학교 내 폭력에 대한 이야기를 접합니다. 당신 역시 성폭행을 저지르거나 학급동료에게 흉기를 휘두른 학생, 감정을 조절하지 못해 집단 패싸움을 일으킨 학생들에 대한 기사를 읽어봤을 것입니다. 물론 상황이 이렇게 된 데까지는 여러 가지 원인이 있을 수 있지만, '남을 괴롭힘으로써 기쁨을 얻으려는 성향, 인내심이 부족해 걸핏하면 화를 내는 성향'도 한 가지 원인이 됩니다.

　어릴수록 남의 상황을 공감하는 능력, 감정을 조절하는 능력이 떨어질 수밖에 없지만 지금 아이들은 그러한 성향이 조금 더 짙습니다. 괴롭힘을 당한 아이도 살인이나 자살 같은 극단적인 방법으로 문제를 해결하려고 하기 때문에 더 그렇습니다. 현재 많은 아이들이 학교 가기를 꺼려하고, 화장실이나 복도 등에서 괴롭힘을 당할까봐 두려워하고 있습니다. 상황이 이러하니 이제는 기관이 나서서 이 문제의 심각성을 공표하고 있는 상황이고요. 어떤 학교에서는 학교폭력예방 프로그램을 마련해, 다른 아이에게 정신적·육체적·감정적 상처를 입히고자

하는 아이들과 괴롭힘을 당한 아이들을 동시에 치유하고자 합니다. 이런 체계적인 제도야말로 학교 내 폭력·따돌림 문제를 없애는 데 매우 효과적입니다.

그런 보조 기관들은 괴롭힘을 당한 아이가 두려워하지 않고 자신에게 일어난 일을 말할 수 있도록, 그 애를 괴롭혔던 아이 역시 자신의 행동에 문제가 많다는 것을 인식할 수 있도록 도와줍니다.

만약 당신이 선생님이라면, 학급에 싸움꾼의 성향을 나타내는 애가 있는지 살펴보고, 다음과 같은 단계를 거쳐서 행동을 바로잡아줘야 합니다.

1. 학교에서 어떤 일이 일어나고 있는지 정확히 알아야 한다. 익명으로 작성하는 설문지를 만들어서 아이들에게 나눠주거나, 다른 선생님들, 아이들의 부모님과 개인적으로 상담을 한다.
2. 아이들이 따를 수 있는 확고한 규칙을 정한다.
3. 식당, 운동장, 기숙사, 복도 등 사건이 일어날 수 있는 곳을 선정해서 감시 카메라를 설치한다.
4. 일단 사건이 일어나면 그것에 대한 모든 것(이름, 날짜, 시간, 상황)을 기록으로 남긴다. 그리고 교장 선생님에게 그

러한 기록을 반드시 제출한다.

5. 싸움꾼이 미치는 영향에 대해 이야기할 수 있도록 자리를 마련한다. 수련회나 학급 토의 시간이 좋다.

6. 괴롭힘을 당한 아이들을 위해 지원과 관심을 아끼지 않는다.

만약 당신이 부모라면, 자녀에게 어떤 일이 생겼는지 혹시 괴롭힘을 당하고 있는 건 아닌지 잘 알고 있어야 합니다. 하지만 정작 부모들은 너무 바빠서 자칫 잘못하면 그런 문제들을 그냥 넘어가고 말죠. 게다가 아이들 대부분이 어른들에게 자신의 상태를 말하지 않으려고 합니다. 그렇기 때문에 부모라면 아이의 행동이나 신체의 변화를 평소에도 잘 봐두어야 합니다. 혹시 아이에게서 다음과 같은 징후를 발견한 적이 있나요?

- 학교를 안 가려고 하거나 종종 학교 가는 길에 꾀병을 부린다.
- 멍이 생겼다.
- 갑자기 성적이 떨어졌다.
- 학교에 대해 얘기하는 것을 피한다.
- 물건을 잃어버리고 온다.

- 점심 사먹을 돈을 종종 잃어버린다.
- 옷이 더럽혀진 채로 집에 돌아온다.

만약 위의 몇 가지 징후를 아이에게서 발견했다면 아이가 학교에서 괴롭힘을 당하고 있는 것은 아닌지 의심해봐야 합니다.

그런데 만약 자신의 아이가 남을 괴롭히고 있다면 어떻게 할 건가요?

1. 대화를 통해 아이를 이해하고 태도를 변화시키기 위해 노력한다.
2. 선생님이나 학교 관계자에게 이러한 상황을 알리고 같이 문제를 해결한다. 그런 다음 전화 혹은 편지로 당신의 자녀가 자주 괴롭히는 친구들에게 특별한 관심을 기울여줄 것을 부탁한다. 문제가 된 사건, 그것에 대한 회의내용 등을 선생님에게 물어보고 모두 기록해둔다.
3. 아이가 자신의 태도가 나쁘다는 것을 알도록 한다.

만약 당신의 아이가 거칠게 행동한다면 다음과 같은 조치를 취하세요.

1. 왜 그렇게 애들을 괴롭히는지 아이와 함께 대화를 나눈다. 변함없이 사랑한다고 말하면서 숨겨진 이유를 알아본다.
2. 문제의 원인을 생각해보고 스스로 행동을 조절할 수 있도록 도와준다. 어쩌면 아이 역시 화를 조절하거나 다툼을 평화롭게 해결하길 원하고 있을지 모르는 일이다.
3. 아이에게 적극적이고 의욕적인 행동과 독단적이고 고집스러운 행동의 차이를 설명해준다.
4. 담임선생님에게 아이도 자신의 태도를 변화시키고 싶어 한다는 것을 알린다.

당신의 아이는 당신이 바로잡아줘야 합니다.

지은이 소개

트레버 로메인 *Trevor Romain*은 남 아프리카에서 태어났고, 어렸을 때 미술에 소질이 없다는 선생님의 말을 듣고 미술공부를 그만두었습니다. 그러나 20년이 지난 어느 날, 우연히 자기도 그림을 잘 그릴 수 있다는 것을 발견하고 그 이후 20권이 넘는 어린이 책을 쓰고 그림을 그렸습니다. 그는 이제 정기적으로 학교에 가서 아이들과 이야기를 나누고, 여가 시간에는 텍사스 오스틴에 있는 브래큰리지 *Brackenridge* 병원에서 소아암 환자들과 함께 시간을 보낸답니다.

옮긴이 소개

이소희는 숙명여자대학교에서 아동복지학 박사학위를 받고, 동 대학에서 아동연구소장을 역임했으며 현재 숙명여자대학교 아동복지학 교수로 재직중입니다. 국무총리 청소년보호위원회, 대통령 자문 유아교육개혁위원회 위원 및 한국아동학회 총무를 역임했으며, 현재 한국 가족복지학회 회장, 한국 영리더십 센터와 한국부모코칭센터의 자문교수로도 활동중입니다. 저서로는 《아동복지실천론》, 《보육학개론》 등이 있습니다.

이정화는 숙명여대 아동복지학 박사학위를 받고 원광아동발달연구소 상담연구원을 역임했습니다. 현재 한국부모코치센터 대표이자 한양여자대학교 아동복지학과 겸임교수로 재직중입니다. 코칭클리닉 강사 및 한국놀이치료학회 공인 놀이치료사로도 활동하고 있으며, 저서로는 《놀이치료 핸드북》, 《발달척도 핸드북》 등이 있습니다.